DU SYSTÈME

DE L'OPPOSITION

EN FRANCE.

IMPRIMERIE DE H. FOURNIER,
RUE DE SEINE, N° 14.

DU SYSTÊME

DE

L'OPPOSITION

EN FRANCE,

ET APERÇU DES PRINCIPAUX ÉVÉNEMENS

SURVENUS EN EUROPE, EN 1825

A PARIS,

CHEZ ACHILLE DESAUGES, LIBRAIRE,

RUE JACOB, N° 5.

———

1826.

DU SYSTÈME

DE L'OPPOSITION

EN FRANCE,

ET APERÇU DES PRINCIPAUX ÉVÉNEMENS SURVENUS EN
EUROPE, EN 1825.

—————

Il y a environ un an que je fis paraître un ouvrage sur la politique de cette époque, intitulé *Étrennes aux amis de la vérité*, dans lequel il m'a paru que j'avais justifié pleinément les dépositaires du pouvoir royal de toutes les inculpations lancées jusqu'à ce moment contre eux par le parti désorganisateur ou révolutionnaire (1), et

—————

(1) Lorsque je signale un parti comme révolutionnaire, je suis loin de comparer ceux dont je vais parler aux hommes de 1792 et 93 : j'entends par le mot révolutionnaire, les partisans de toutes les insurrections qui émanent du prétendu droit qu'a le peuple de se choisir sa forme de gouvernement et son souverain.

1

par celui qui veut s'emparer du pouvoir, et forcer l'action du trône dans sa prérogative spéciale,
dans celle du choix de ses délégués.

Je m'élevais dans cet opuscule contre la licence
de la presse périodique, contre ses dangers, et
contre l'autorité qu'elle veut s'arroger; j'y mon-
trais les écrivains de ces deux oppositions cherchant à prendre l'initiative sur tous les actes que
nos lois constitutionnelles concèdent au trône,
dénaturant, dans leurs feuilles, les faits les plus
authentiques, envenimant les actions les plus
simples, calomniant sans cesse les agens du pouvoir royal, trompant continuellement l'opinion
publique qu'ils prétendent éclairer, et dont ils
se disent les organes. Je ne déplorais dans cet ouvrage que la licence de la presse périodique;
dans celui-ci je dois en montrer l'indécence et
le scandale. Je m'attacherai à prouver que si le
gouvernement ne trouve pas un remède aux dangers qu'elle reproduit tous les jours, les effets pourront en rejaillir même sur le trône;
c'est épouvanté de cette idée, que je prends
de nouveau la plume. Je sais qu'on m'accusera
de méconnaître le régime constitutionnel, de
vouloir asservir la liberté de la presse, qui en est

la gardienne; ce n'est point mon intention : je
veux cette liberté telle que je la conçois, éclai-
rant le trône, et ne le trompant pas ; je la veux
véridique, et non mensongère; je la veux régu-
latrice, et non désorganisatrice; je lui accorde
toute la latitude possible pour discuter les lois
avant qu'elles soient devenues lois de l'état;
mais, dès qu'elles ont reçu la sanction royale,
je ne crois à personne le droit de blâmer
et d'entraver l'exécution de ces mêmes lois
par des récriminations continuelles qui tendent
à vouer à l'exécration publique ceux qui les ont
proposées et soutenues, et ceux qui dans leur
conscience les ont consenties. Je respecte la
chose jugée; mais je dis que le même respect
doit être accordé à la loi de l'état, qu'autrement
il est impossible de la faire exécuter, et qu'en
manquant à ce respect on attente aux droits de
la couronne, qui est la loi vivante.

Je vais commencer par dire un mot sur les
travaux législatifs de la session de 1825; elle a
été, pour l'observateur, digne de remarque par
la décence des discussions qui y ont eu lieu;
elles ont été animées, mais non virulentes;
enfin elles n'ont pas été telles qu'on les avait

1.

vues dans les sessions précédentes ; il n'y a point eu de rappel à l'ordre : c'est un hommage que je me plais à rendre à l'opposition, même à la partie de cette opposition dont les principes paraissent le plus contraires à ceux professés par le gouvernement.

Trois lois principales ont été présentées dans cette session : celles de l'indemnité, de l'amortissement avec création du 3 pour cent, et du sacrilège. Elles ont été adoptées après des débats très-longs, très-approfondis, même un peu animés, mais non scandaleux. C'était un bel exemple donné aux rédacteurs des feuilles périodiques. L'ont-ils suivi ? c'est ce que l'on jugera par la suite.

Dans notre forme de gouvernement le juge suprême des ministres est le chef de l'état. Mais un ministère ne peut se maintenir lorsqu'il perd la majorité dans les chambres, c'est-à-dire lorsque les plans qu'il a conçus sont rejetés et remplacés par d'autres combinaisons qui paraissent plus conformes au bien de l'état ; car il est juste que celui qui a créé un nouveau système soit chargé de le faire exécuter ; ainsi le ministère n'a, dans une semblable occurrence, d'autre parti à prendre que celui de se retirer. La loi de l'indemnité, celle de l'amortissement et de la création des 3 pour cent, pouvaient être considérées dans leur ensemble comme un nouveau système financier; toutes les forces de l'opposition s'étaient réunies pour renverser les plans de M. de Villèle : une partie de cette coalition extraordinaire ne voulait pas de l'indemnité comme d'un droit acquis; l'autre la voulait pleine et entière, et ne voulait point de la création d'un nouveau fonds pour payer cette dette de l'état; elle trouvait de quoi y satisfaire dans les fonds acquis par l'amortissement.

M. de Chateaubriant avait, quelque temps avant l'ouverture de la session, pris l'initiative, en proclamant par la voie de la presse une espèce de formule de projet de loi; cette marche était adroite, et on pourrait dire un piège tendu au ministre des finances, car s'il avait adopté le plan du noble pair, chef de l'opposition royaliste, on lui aurait dit : Vous vous êtes emparé de nos idées, ce projet nous appartient, c'est nous qui l'avons conçu, l'honneur de son exécution doit nous être dévolu.

M. de Villèle dut prendre une autre voie pour

arriver au même but : ou bien, comme je le pense, il avait conçu un plan plus vaste, plus digne d'un homme d'état, celui d'indemniser et en même temps de diminuer la masse de l'impôt, sans toucher à l'action de l'amortissement, sans lui donner moins de force.

Le projet de M. de Villèle avait quelque chose qui tenait du sublime, c'était, comme je viens de le dire, de réparer de nobles infortunes, non-seulement sans augmenter les charges de l'état, mais encore en les diminuant. Il ne fut pas bien senti au premier aperçu : des hommes recommandables le combattirent loyalement ; on reconnaissait dans leur discussion le désir de l'améliorer ; ils signalèrent les dangers qu'ils entrevoyaient dans l'exécution de ce projet, et finirent par se ranger à l'avis du ministre, ne trouvant pas de moyen plus efficace pour arriver au but que l'on se proposait, celui d'indemniser les fidèles serviteurs du trône, victimes d'une grande injustice. Il faut avouer que le projet ne les réparait pas toutes, et que beaucoup de ceux qui avaient été frappés de la perte de leur fortune par suite de leur dévouement à la cause royale ne recevront rien ; mais ils se résigneront en se confiant à la munificence du souverain, qui ne les abandonnera pas; c'est ainsi que se conduit le véritable ami du trône.

M. de Martignac, ministre d'état, fut chargé par le roi de développer et de soutenir le projet de loi d'indemnité. Cet orateur célèbre s'en acquitta avec le talent qui lui est particulier; il avoua que le projet ne réparait pas tous les dommages, et qu'il était conçu autant dans l'intérêt politique que dans celui de la justice, et termina en déclarant que si l'on pouvait faire un projet plus analogue aux circonstances, qui conciliât mieux les droits acquis avec les intérêts du trésor, le ministère prenait l'engagement de soumettre ce nouveau projet à la sanction royale.

Une semblable déclaration donnait beaucoup de latitude à la discussion; aussi fut-elle féconde en amendemens. Le projet conçu par M. de Chateaubriant ne fut pas entièrement proposé par l'opposition royaliste, mais M. de Lizardière, membre de la commission, parut avoir établi sur ces bases le nouveau projet qu'il présenta, lequel fut rejeté à une forte majorité. Ce député, quoique l'organe d'une opposition, parla avec

une franchise qui ne pouvait avoir sa source
que dans une profonde conviction ; c'est une
justice que je me plais à lui rendre. Par le rejet
de sa proposition, celle du gouvernement passa
avec quelques légers amendemens qui ne chan-
geaient rien au fond du projet; ils furent con-
sentis par le souverain, et cette loi, bientôt pro-
mulguée, devint loi de l'état. Elle avait créé un
fonds de trente millions de rentes en 3 pour
cent, remboursables au capital de 100 francs
pour 3 francs de rente; ce qui augmentait la
dette de l'état d'un milliard. Les indemnisés ne
doivent recevoir que par cinquième, ce qui fait
six millions de rente par an; pour les acquitter,
la loi autorise le ministre à annuler sur l'amortissement trois millions pendant cinq ans, et affecte
trois millions par an sur l'enregistrement. M. de
Villèle assura que les effets de la loi augmente-
raient tous les ans cette partie de nos ressources
d'un produit très-supérieur à cette affectation;
ainsi il prouva que l'état n'aurait aucune surcharge d'impôt pour satisfaire à cette dette, qui
en était une d'honneur, tant pour le monarque
que pour la nation.

Je prie mes lecteurs de bien peser les clauses

de la loi de l'indemnité, parce que les écrivains que je combats ont cherché à persuader les possesseurs du rente que la loi sur le remboursement de 5 pour cent n'avait été proposée qu'en vue d'employer les ressources qui en proviendraient, au bénéfice des indemnisés, tandis que le gouvernement les avait affectées spécialement, par son projet de loi, à la diminution de l'impôt.

J'ai précisé ce fait pour prouver la bonne foi des attaques dirigées par mes adversaires contre le ministère. et pour désabuser quelques personnes crédules, qui sont encore dans l'erreur à ce sujet.

Il existe en France une classe privilégiée qui absorbe à elle seule environ un tiers de l'impôt, sans en payer un sou. On pourrait la comparer à une race cosmopolite, car elle ne supporte aucune des charges de l'état qui qualifient le vrai citoyen. Celui-ci contribue pour sa part aux besoins de sa patrie ; le possesseur du 5 pour cent fait donc une classe à part dans la société. Je sais que les possesseurs de ces rentes objectent que dans les temps ils sont venus au secours de l'état, et que c'est à cette condition qu'ils ont prêté leurs fonds ; mais ils ne disent pas que ces prêts ont été faits à un taux d'intérêts énorme qui s'élève à plus du double de ce que rapportent en France les meilleures propriétés (1). Ils disent encore en leur faveur que la valeur et les revenus des terres augmentent, tandis que leur capital et leurs revenus sont toujours les mêmes. Oui, j'accorde que la valeur et le revenu des biens fonds augmentent ; mais je leur répondrai que c'est à force de culture, et après des frais considérables, que cette augmentation a lieu, et que si le propriétaire des biens fonds calculait tout l'argent qu'il met en avant pour les rendre d'une valeur plus considérable, il verrait que ses capitaux, placés d'une autre manière, lui auraient rapporté davantage ; d'après cela, il sera prouvé à tout homme de bonne foi que les placemens faits sur l'état sont, de tous les placemens, les plus commodes et les plus avantageux ; je dirai même plus avantageux que ceux que présente le commerce, car ces derniers courent

---

(1) Le terme moyen de l'intérêt des emprunts faits depuis la restauration, et qui fait à peu près les trois quarts de la dette en circulation, est d'environ 7 pour cent.

des chances dont les banqueroutes journalières montrent tout le danger.

J'espère qu'on me pardonnera cette digression; j'ai tant entendu déraisonner à ce sujet, que je me la suis permise.

A la session de 1824, M. de Villèle avait proposé une loi qui l'autorisât à créer un nouveau fonds, et à l'employer au remboursement des 5 pour cent; il voulait, par ce moyen, faire refluer les capitaux sur la propriété et l'industrie; il voulait diminuer la masse de l'impôt territorial. On sait le sort qu'a eu cette loi qui, adoptée à une forte majorité par la chambre élective, fut rejetée par la chambre héréditaire. Des considérations que je n'apprécierai pas y ont prévalu sur le vote de la chambre qui paraît plus spécialement chargée des intérêts financiers de la France. Ce que j'ai déjà dit, et que je répèterai, c'est que la proposition de cette loi et son adoption à la chambre où elle avait été d'abord présentée, avaient déjà produit une partie de l'effet qu'en attendait l'homme d'état qui l'avait conçue. Son projet était trop grand et trop vaste pour qu'il l'abandonnât; et à la session de 1825, il y est revenu. et a présenté une nouvelle loi sur le même sujet, en laissant aux possesseurs de rentes 5 pour cent la faculté de convertir eux-mêmes leurs rentes, soit en prenant du 3 pour cent au taux de 75 francs, soit en prenant du 4 et demi au capital de cent francs, avec assurance de n'être pas remboursés de ce dernier avant dix ans. Cette loi facultative a été consentie par les deux chambres après une discussion approfondie et très-animée. Je ferai voir plus loin les moyens que l'opposition a employés pour empêcher que cette loi eût tout le succès qu'on devait en attendre.

La troisième loi principale proposée par le gouvernement dans la session de 1825, a été celle qui tendait à punir les vols faits dans les églises, communément appelée loi du sacrilège. Cette loi a été adoptée par les deux chambres après une discussion dans laquelle on s'est livré à une controverse où l'art de raisonner a été poussé au plus haut degré. Cette loi avait d'abord été portée à la chambre des pairs, et a été consentie par celle des députés, malgré une opposition très-forte, dans laquelle on a signalé le clergé de la France comme ayant oublié les dogmes de l'immortel Bossuet, et se laissant entraîner à des doctrines ultramontaines. On a aussi accusé le gouvernement de se laisser do-miner par les jésuites, qu'on a signalés comme ennemis des rois.

Je reviendrai sur ce sujet en parlant de l'ac-cusation portée par le procureur-général de la cour royale de Paris, contre le Constitutionnel et contre le Courrier.

La loi de l'apurement des comptes de l'année 1823 a ramené dans la session de 1825 la dis-cussion sur les dépenses de la guerre d'Espa-gne, et en particulier sur le marché passé avec le munitionnaire Ouvrard. Dans la précédente session ces dépenses avaient déjà été le sujet d'une controverse dans laquelle le président du conseil des ministres n'avait pas été ménagé. Les mêmes griefs se sont reproduits dans cette session dernière et ont été dirigés contre lui avec le même acharnement; et nous entendrons encore parler de cette affaire dans la session prochaine. Elle avait été évoquée à la cour royale de Paris, mais cette cour vient de se dé-clarer incompétente, parce qu'elle a considéré que deux pairs de France y étaient compromis. Il faut attendre la décision de cette cour suprême avant de se prononcer. Cependant je ne puis m'empêcher de faire remarquer que la presse périodique a été loin d'observer la même conduite, et que l'affaire Ouvrard, quoique devant les tribunaux, lui a souvent donné lieu à des récriminations plus que déplacées contre M. de Villèle : mais les écrivains de l'opposition n'y regardent pas de si près, lorsqu'il s'agit de lancer une attaque contre un ministre ; ils ne s'en tiennent pas même à des suppositions hasardées, ils vont plus loin, et se servent non-seulement de l'arme de la médisance la plus outrageante, mais encore ils emploient quelquefois celle de la calomnie ; ils ne portent pas seulement leur investigation sur la vie politique des agens de l'autorité, ils regardent leur vie privée comme de leur domaine. Rien n'est sacré pour eux.

Certaines feuilles se sont imposé la loi de faire paraître tous les matins un acte d'accusation contre le ministère, ou au moins contre un ministre. Pour remplir cette tâche, les actes qui émanent de leur autorité sont torturés en tous sens et présentés sous un faux jour. Si un écrivain, révolté de ces accusations ridicules, s'est chargé d'y répondre, il est traité par la plupart de ses adversai-

res comme un homme vil qui parle contre sa conscience. Il n'y a, selon eux, que l'accusation qui
porte le cachet de la probité. Mais si elle part
de la plume d'un procureur-général, ou de tout
autre agent de l'autorité, la chose change de
face ; elle devient vexatoire, oppressive ; et alors
la défense est juste et légale. L'accusateur est,
suivant leur système, un homme presque digne
de mépris, un homme qu'il faut démasquer ;
il n'a point agi d'après sa conviction ; c'est un
vil stipendié qui ne sert le pouvoir que pour
obtenir quelques graces. En obtient-il, on dit
sur-le-champ qu'il s'est déshonoré.

Un avocat-général a soutenu, il y a peu de
temps, l'accusation en tendance portée contre
deux journaux fameux ; il l'a fait avec talent,
mais avec une réserve et une décence qui lui
ont valu des éloges mérités ; ils lui ont été don-
nés même par les avocats qui plaidaient contre
lui. Quelques jours après il a été nommé maître
des requêtes ; les journaux n'ont pas récriminé
contre cet acte de justice, mais les hommes du
même parti n'ont pas eu cette réserve, et se sont
déchaînés contre ce magistrat.

Tout le monde sait que la discussion du

budget est le moment où les ministres sont en
butte à toutes sortes d'accusations; aussi, lorsque vient la discussion du budget de leur ministère, ne manquent-ils pas de s'y trouver en personne, pour répondre aux interpellations qui
sont dirigées contre leur administration. Dans
la session dernière, elles ont eu un caractère de
virulence moins prononcé qu'aux sessions précédentes. Quelques orateurs de l'opposition ont
cherché à ramener la discussion sur les lois déjà
rendues, mais rappelés à la question par le président de la chambre, ils ont dû s'y renfermer.

Je terminerai mon aperçu succinct sur la session, en parlant de l'auguste cérémonie qui l'a
close : celle du couronnement du prince qui
nous gouverne, de ce prince dont l'affabilité est
une des moindres vertus, de ce prince, l'amour
de tous les vrais Français, qui venait de remplir
un devoir bien doux à son cœur, celui d'apporter quelque soulagement à ses compagnons
d'armes (lorsque Charles X entretient quelques
émigrés, il se plaît à les nommer ainsi), en faisant proposer et en sanctionnant la loi de l'indemnité. Il aurait désiré que la cérémonie de
son sacre eût pu avoir lieu au milieu de tout son

peuple; ne pouvant satisfaire ce vœu de son cœur, il a voulu au moins qu'elle se passât en présence de ceux qui le représentent : les pairs et les membres de la chambre élective. C'est au milieu d'eux qu'il a juré, sur le saint Évangile, de maintenir nos lois constitutionnelles, ainsi que la charte donnée par son auguste frère; le maintien de ce pacte entre le souverain et son peuple, qui, bien compris, doit assurer le bonheur de nos arrière-neveux ; de ce pacte qui, exécuté fidèlement, garantit la liberté individuelle, celle des cultes et de la presse, mais qui n'autorise pas la licence effrénée dont je vais démontrer le scandale et l'indécence. Elle doit assurer aux peuples le libre exercice de ses autres libertés; mais elle doit aussi ne pas entraver la marche de l'autorité chargée par le souverain de l'exécution des lois. On va voir si la presse périodique a rempli son devoir à cet égard: oui, je reconnaîtrai que pendant le temps qu'ont duré les fêtes de la cérémonie du sacre, elle en a rendu un compte assez fidèle, et, pendant environ quinze jours, elle a fait trève avec le ministère, et s'est maintenue dans une sage réserve.

L'exécution des lois de l'état est confiée au
pouvoir royal, ou aux ministres, qui sont ses
organes; des ordonnances en règlent le mode;
elles émanent de l'autorité du souverain, mais
elles sont contresignées par un ministre, qui est,
à l'égard des chambres, responsable de ce
qu'elles contiennent; c'est-a-dire que si un ministre faisait signer au monarque une ordonnance qui réglât le mode d'exécution d'une loi,
et qu'il y eût dans cette ordonnance un article
en opposition avec la loi rendue, dans ce cas
le ministre serait coupable d'avoir abusé de la
confiance que son maître lui accorde, et il
mériterait d'être mis en accusation. Aussi, je re-
connais que les ordonnances sont sujettes à l'investigation des chambres, même à celle de la
presse; mais elle doit être très-réservée de la
part de cette dernière autorité, puisque l'on
veut qu'elle en soit une, parce que si ces re-
cherches se poussaient trop loin, elles pourraient entraîner souvent à la désobéissance aux
lois, dont elles régleraient le mode d'exécution.
Je demanderai aux journalistes s'ils ont le droit
d'évoquer des projets de loi dont les chambres
ont fait justice, sous le vain prétexte qu'ils au-

raient été meilleurs. Je parlerai d'abord de la loi
de l'indemnité; je rappellerai qu'il avait été proposé aux chambres, par les organes de l'opposition, de confier tout le travail de l'exécution de
cette loi à des commissions prises dans les dépar-
temens, et non aux préfets, agens de l'autorité
royale; que cette proposition avait été rejetée.
Était-il permis à la presse périodique de montrer si souvent ses regrets sur la non adoption de
cette proposition? N'était-ce pas signaler le mode
adopté par les chambres comme mauvais? N'é-
tait-ce pas jeter un vernis défavorable sur ceux
qui avaient proposé, soutenu et consenti le mode
d'exécution adopté? N'est-ce pas porter indirec-
tement son investigation sur les actes des chambres? Je dis que la presse ne peut avoir ce droit
sans un danger réel pour l'autorité législative,
celui de lui ôter la confiance de la nation, confiance qui lui est nécessaire pour que ses actes
soient respectés.

L'opposition avait proposé aux chambres le
paiement de l'indemnité en un fonds de 5 pour
cent, au lieu de payer en 3 pour cent; cette
proposition avait été rejetée à une très-grande
majorité à la chambre élective, et à une majo-

rité plus faible à celle des pairs : mais enfin les
deux chambres s'étaient prononcées contre;
était-il permis à la presse d'insinuer continuellement aux indemnisés que si cette proposition
avait été adoptée, elle lui aurait été plus favorable? Je n'examinerai pas cette question; mais
je dirai qu'une fois la loi rendue, si la presse a
la liberté de la présenter sous un jour défavorable, et, par là, d'entraver son exécution, elle
se met en révolte contre cette loi, se place au-
dessus du législateur, et usurpe le droit qu'il
possède seul de réformer les lois quand elles
ne répondent pas au but qu'il s'est proposé.
Mais ces émigrés, si dédaignés, il y a peu
de temps, par un côté de l'opposition, sont
devenus une espèce de puissance que l'on cherche à ramener à soi; ils le sont devenus, j'ose
le dire, par leur conduite politique, j'ajoute-
rai, et désintéressée, qui leur a valu l'entrée
dans la chambre élective. Il fallait rendre le
ministère odieux à cette masse de fidèles sujets. Comme on savait que M. de Villèle et
ses collègues avaient eu une influence directe
dans l'adoption de cette loi, il fallait, pour at-
teindre ce but, chercher à prouver que la loi

était mauvaise, et que l'on pouvait faire mieux pour réparer cette noble infortune. Voilà le sujet de ces récriminations que nous avons entendu répéter si souvent depuis six ou sept mois : mais les émigrés ne se laisseront pas abuser; ils ne sépareront pas leur intérêt particulier de celui du reste de la nation, et je suis certain que la majeure partie d'entre eux a vu avec plaisir qu'en recevant une juste indemnité de ce qui leur avait été enlevé, il n'y avait pas surcharge d'impôt pour le contribuable (1).

Par une ordonnance royale, des commissions composées de membres pris dans le corps des ministres d'état, dans le conseil du Roi, dans la chambre des pairs, et dans celle des députés, avaient été nommées : on n'a pas trop blâmé la composition de ces commissions; mais le monarque leur a assigné une rétribution pour ce nouveau travail qui leur était imposé. Grand su-

---

(1) En parlant de la loi sur la conversion de la rente, j'espère prouver que les journaux de l'opposition ont été non seulement les ennemis des émigrés, mais encore ceux de l'immense majorité de la nation.

jet de crier contre M. de Villèle, d'alarmer le
public sur la prodigalité avec laquelle il disposait
des fonds de l'état (on a fait souvent un repro-
che contraire aux ministres actuels)! Dans cette
occasion, on a changé de gamme; on a commencé
par supposer que les fonds nécessaires à la
solde de ce traitement seraient pris sur le milliard accordé aux émigrés. Cette supposition
gratuite n'a pas été soutenue long-temps, parce
qu'on a été forcé d'en reconnaître l'absurdité.
Le milliard est affecté à l'indemnité, et rien ne
dit dans la loi que, sur cette somme, seront pré-
levées les dépenses qu'elle occasionera; ainsi
celles que doivent faire les émigrés pour établir
leurs droits resteront à leur charge, et celles de
l'état resteront à la sienne. Telle est au moins
ma manière de voir. On a dit que ce travail devait être fait gratuitement; aurait-il été juste
que des pairs de France, des députés, dont les
fonctions sont gratuites, après avoir été forcés de
venir passer six mois dans la capitale à leurs frais,
se trouvassent encore contraints d'y demeurer le
reste de l'année pour consacrer non-seulement
leur temps, mais encore dissiper leur fortune
pour servir la chose publique? L'opposition a

senti un peu tard la force de cet argument, et elle a dit qu'elle approuvait que ceux-ci fussent rétribués; mais on n'a pas compris qu'il était difficile de faire une exception dans cette occasion; car elle aurait jeté une espèce de défaveur sur ceux qui auraient reçu ce traitement. Mais on s'est fait une loi d'attaquer tous les actes qui émanent du gouvernement; et il faut, soit à tort, ou avec raison, satisfaire à cet engagement.

Un très-petit nombre de membres de ces commissions ont donné leur démission; on a cherché à insinuer dans l'opinion publique que c'était parce qu'ils ne voulaient pas de la rétribution. Je ne sais quelle est la cause qui les a portés à ce refus, mais je ne crois pas que des personnes d'un si grave caractère aient mis la malveillance dans le secret de leurs motifs.

Je ne quitterai pas ce sujet sans payer un juste tribut d'éloges à ceux qui sont chargés de la distribution de l'indemnité. Je dirai que depuis le ministre jusqu'au dernier employé, chacun fait son devoir, et paraît attacher un grand prix à ce que le travail soit terminé le plus promptement possible. Je dirai en particulier que sur tous les dossiers on a remarqué des notes de la main de **M.** de Villèle ; ce qui prouve que cet homme d'état sent toute l'importance de ses fonctions, et qu'il ne s'en rapporte qu'à lui seul (1).

J'ai, dans le commencement de cet opuscule, montré que les possesseurs des 5 pour cent étaient une classe d'hommes presque étrangère au paiement de l'impôt. Ces rentes sont la propriété d'environ trois cent mille citoyens dont à peu près le quart n'habite pas le sol français. C'est pourtant en leur faveur que les feuilles périodiques de l'opposition se sont livrées à des doléances qui se renouvellent tous les jours. Les écrivains qui ont accusé le ministre, créateur de la loi de conversion, ont oublié qu'à côté de ces trois cent mille personnes, il y avait plus de vingt-sept millions de Français qui demandaient un allégement d'impôt.

Je crois que la grande pensée du gouvernement, en proposant la loi dont je viens de parler,

---

(1) On me permettra ce faible éloge donné à **M. de** Villèle, lorsqu'on pensera avec quelle indécence on a calomnié ses intentions au sujet de la loi de l'indemnité.

était d'arriver, par cet acte de justice, à pouvoir diminuer les impôts les plus onéreux, sans toucher au crédit public dont la ressource a été depuis quelques années d'une si grande utilité.

La loi de conversion de la rente était combinée de manière à ne point blesser la stricte justice, car elle est facultative; aussi a-t-on fait tous les efforts imaginables pour empêcher que le rentier n'usât de la faculté qu'il avait de convertir; et pour paralyser les effets de cette loi, on en a attaqué les bases en tout sens, et cela dans l'intérêt prétendu d'un centième de la nation! je répéterais ce que j'ai déjà avancé, que l'exécution d'une loi de l'état ne peut être à la merci de la liberté de la presse; mais j'ai d'autres argumens à porter aux adversaires de cette loi. Je dirai à l'opinion libérale : Vous qui prétendez que l'intérêt du plus grand nombre est en toutes choses celui qui doit prévaloir, avez-vous agi conséquemment à vos préceptes? non. Vous vous êtes attachés avec un acharnement remarquable à empêcher les effets de la loi, quoique vous sachiez bien que le bénéfice de la conversion était dévolu par la loi même à la diminution de la masse de l'impôt. Vous avez

eu une espèce de succès, puisque la conversion
ne s'est élevée qu'au sixième de la partie des
rentes qui était convertissable ; vous avez crié
victoire, parce que vous avez espéré que le ministère en serait au moins ébranlé, si sa chute
n'en était pas la suite. Je sais que vous n'aimez
pas le chef du conseil et ses collègues ; à votre place, peut-être penserais-je comme vous,
et j'en dirai dans un moment la raison.

Par suite de la conversion, il y a eu en émis-
sion sur la place à peu près vingt-quatre millions
de 3 pour cent (1). Vous avez fait tous vos efforts pour discréditer cette nouvelle valeur qui
est établie sur des bases aussi solides, si je ne
dis pas plus solides que le 5 pour cent ; car,
d'après la loi existante, celui-ci est remboursable.
Vous n'avez été guidés en cela que par votre animosité contre le ministère ; elle vous a conduits

-----

(1) Trente millions environ de 5 pour cent ont été
convertis ; six ont été employés à dégrever la masse de
l'impôt. Cette diminution se fera sentir dans cette année ; il n'a pas dépendu du gouvernement que ce dégre-
vement ne fût plus considérable, et en le faisant, il agis-
sait dans l'intérêt de la presque totalité de la nation.

à chercher à ébranler le crédit public, sans calculer que si notre crédit pouvait recevoir une
atteinte, non-seulement le 5 pour cent s'en res-
sentirait, mais que les effets en rejailliraient sur
le crédit particulier, et que l'industrie en serait
bien plus vivement affectée que toute autre bran-
che de la richesse nationale. Vos vœux ont été
remplis, le 3 pour cent a baissé; le 5 a éprouvé
la même défaveur. Ce discrédit momentané de
nos effets publics s'est fait sentir d'une manière
effrayante sur le crédit particulier. Vous avez
voulu en rejeter un moment tous les torts sur
le ministre des finances; mais vous n'avez pas
osé long-temps soutenir votre assertion, car les
faits ont parlé plus haut que vos calomnies.

La conduite de la partie de l'opposition qui
se dit presque exclusivement royaliste a été encore plus inconséquente que celle de l'opposition libérale; car non-seulement elle a cherché
à empêcher la conversion, mais encore elle a
voulu discréditer le 3 pour cent qu'elle savait
être le gage des émigrés, de ceux pour lesquels
elle a montré en apparence un juste intérêt.
Par cette conduite inconcevable, croyez-vous
vous être fait des amis de la majeure partie des

émigrés? croyez-vous vous être fait estimer? Oui; vous avez augmenté le nombre de vos prosélites. Dans quels rangs les avez-vous trouvés? parmi ceux que vous qualifiiez il n'y a pas longtemps d'ennemis du trône : mais, vous n'avez pas conquis leur estime; ils se servent de vos diatribes contre tout ce qui émane de l'autorité royale, que vous appelez autorité ministérielle, pour arriver à leurs fins. Je n'ai pas besoin de vous dire quels sont leurs projets; vous les avez dévoilés, à d'autres époques, si clairement, que vous ne pouvez plus dire aujourd'hui que vous les méconnaissez. Je ferai connaître plus tard les raisons qui vous ont fait agir si inconsidérément; j'espère que dans la bouche d'un ami du gouvernement vous ne trouverez pas l'expression trop forte.

Les approches de la fin de l'année 1825 ont pensé être déplorables pour le crédit public, et le crédit particulier s'en est ressenti; les fonds publics ont baissé avec une rapidité effrayante. Cette commotion s'est fait sentir sur toutes les grandes places de l'Europe; Londres, Hambourg, Amsterdam, en ont éprouvé les effets de manière à inquiéter sur leurs suites. Il paraît que

cette baisse subite des fonds publics était due
au manque de numéraire ; les bonnes maisons
de banque des places que je viens de citer en
ont été ébranlées, quelques-unes ont été forcées
de cesser leurs paiemens, et elles ont fait éprou-
ver en Angleterre le même sort à beaucoup de
maisons des places·de commerce du second
ordre. Il était impossible qu'une secousse semblable ne se fît pas sentir sur la place de Paris.
Nos fonds publics ont, comme ceux des autres
grandes places de l'Europe, éprouvé une baisse
subite ; mais cette crise de peu de durée a été
moins sensible à Paris sur le crédit particulier
que sur celui de Londres, Hambourg, etc.
C'est une chose digne de remarque.

La partie de la presse périodique qu'on
nomme l'opposition s'est emparée de ce choc
désastreux, pour inculper de nouveau notre
système financier : au lieu de chercher à rassu-
rer les esprits épouvantés, elle s'est réjouie de
la baisse du 3 pour cent, sans s'occuper du 5
qui éprouvait le même sort. Le mal ne pro-
venait, selon elle, que de la création du nouveau fonds ; notre ministre des finances était le
seul moteur de cette crise effrayante ; on pré-

sentait son nom comme devant être en exécration aux races futures, on l'accolait avec ceux
de *Law*, de *Terray*, etc. ; enfin, aux noms de
ceux dont les systèmes ont été les plus funestes
à la France. Mais la vérité s'est bientôt fait jour,
et l'on est forcé de reconnaître que notre crédit
repose sur des bases plus stables que celui de
l'Angleterre, de ce pays tant de fois cité comme
faisant autorité en fait de crédit public. Il a été
prouvé que la crise qu'a éprouvée l'Europe,
quoique s'étant fait sentir en France, a été
moins dangereuse que chez nos voisins ; ainsi,
avec un peu de justice, l'on ne peut plus attaquer le système financier suivi chez nous,
comme désastreux pour notre crédit public.
J'en appellerais à la justice de ces hommes,
qui ne connaissent aucun frein, qui n'écoutent
que leurs passions haineuses, si je ne savais que
ce serait prêcher dans le désert que de leur parler ce langage.

Les émigrés venaient d'être en partie indemnisés de leurs pertes ; mais il restait encore d'autres Français qui souffraient par suite des crimes
de la révolution : on voit que je veux parler des
malheureux colons de Saint-Domingue, car

ils avaient aussi tout perdu; ils étaient réduits à recevoir de la France des secours pour exister, secours qui n'étaient presque rien en comparaison des pertes qu'ils avaient éprouvées. Le cœur paternel de Charles X ne pouvait supporter un tel état de choses sans en être vivement affecté; aussi s'occupait-il du sort de ces infortunés. On avait déjà parlé pendant l'année précédente d'envoyés de l'île Saint-Domingue, qui étaient venus à Paris pour négocier l'acte de reconnaissance de leur gouvernement. On avait parlé d'une offre de cent millions: la tribune des chambres avait retenti de plaintes portées contre le ministère, pour avoir, assurait-on, refusé de traiter avec ces envoyés, qui semblaient être repartis sans avoir rien conclu. Le gouvernement n'avait pas cru devoir négocier avec les envoyés d'un pouvoir qui, dans l'état des choses, n'était pas légitime; mais il avait pu apprécier l'étendue des conditions auxquelles le roi de France pouvait accorder l'émancipation aux habitans d'Haïti. Alors Charles X, stipulant pour les intérêts des anciens colons et du commerce français, sans compromettre la dignité du trône, déclara, non par un traité, qui suppose l'égalité de pou-

voir, mais par une simple ordonnance, l'indépendance de l'ancienne colonie de Saint-Domingue.

Tout faisait présumer que M. de Makau, por-
teur de cette ordonnance, serait reçu avec une
vive gratitude par le président Boyer, par le
sénat et par le peuple d'Haïti ; mais au cas que
l'envoyé du gouvernement éprouvât quelques
difficultés dans l'objet de sa mission, des forces
imposantes étaient toutes prêtes pour faire res-
pecter son caractère. Ainsi, rien n'avait été né-
gligé par le gouvernement pour assurer le succès
de cette mission importante ; tout a répondu
dans cette affaire à l'attente de ceux qui en
avaient conçu le projet.

On savait bien, par la voie des journaux, qu'une
escadre était partie de Brest, mais on ne connaissait pas sa destination. Les feuilles périodiques se livraient à des conjectures à ce sujet,
lorsque l'on apprit par la voie du *Moniteur* le
succès qu'avait eu la mission de l'envoyé du roi
de France ; les politiques des cafés, des cabi-
nets littéraires, et même ceux des salons, furent
un peu étonnés d'apprendre cet événement d'un
si haut intérêt, sans que leurs journaux favoris
les en eussent entretenus, sans qu'ils leur eus-

sent donné le mot d'ordre. Je dois dire que dans le premier moment il n'y eut qu'un cri d'approbation générale; les anciens colons trouvaient dans cette mesure un allègement à leur position, les royalistes, même ceux de l'opposition, approuvèrent surtout la formule de l'acte de reconnaissance; ils y virent avec plaisir un acte émané de la seule munificence du Roi. L'opposition amie de toutes les révolutions, et qui se dit constitutionnelle, ne pensa que faiblement à la nécessité de l'intervention des chambres; elle ne vit dans le premier moment que la mesure en elle-même, et y donna son approbation la plus complète.

Cet état des choses ne pouvait durer long-temps. Comment se déterminer à donner un assentiment aussi prononcé à un acte qui émanait de l'autorité royale, qui devait être considéré comme conçu par le ministère, et auquel M. de Villèle devait avoir eu une part directe? Aussi entendit-on bientôt murmurer sourdement contre l'ordonnance : on disait que le gouvernement avait outrepassé son autorité, en faisant un pareil acte sans l'avoir soumis à l'approbation des chambres. M. de Château-

briand, qui, pendant quelque temps, avait cessé
de se faire lire dans les Débats, rompit le silence
par un article sur la reconnaissance d'Haïti (1).
Il voulait prouver que cette ordonnance ne
pouvait avoir d'effet réel qu'après qu'elle aurait été discutée dans les chambres, et qu'elle
en aurait reçu la sanction. Cet écrivain si brillant dans ses descriptions, dont le nom a jeté
tant d'éclat sur notre littérature, n'est pas aussi
heureux comme publiciste. Jeune encore, il
n'a trouvé de vrai bonheur que dans le gouvernement républicain, et il revient souvent, en
traitant ce sujet, à ses premières idées. Dans
son ouvrage de la Monarchie selon la Charte, il
a voulu donner aux chambres la proposition de
la loi. Il méconnaissait en cela l'article de ce
pacte, par lequel le souverain s'est réservé la pro-

––––––––––––––––––––

(1) Quelques amis de l'ex-ministre des affaires étrangères ont assuré que lui-même avait été souvent révolté
de quelques articles insérés dans le journal des Débats,
et qu'il aurait renoncé à écrire dans cette feuille, s'il avait
reçu quelques marques de la munificence du trône, à l'é-
poque mémorable du sacre. Il s'attendait, suivant ceux
que je viens de citer, à être fait duc.

position et la sanction de la loi ; il ne laissait plus au trône que le véto, qui a été si funeste à l'infortuné Louis XVI. Dans son article inséré dans le journal des Débats, il a paru méconnaître que les colonies étaient administrées non constitutionnellement ; elles sont, d'après l'idée que je me forme de leur position, hors des lois constitutionnelles ; c'est d'après cette raison qu'elles ne sont pas représentées à la chambre élective. M. de Châteaubriand a comparé l'ordonnance qui reconnaît l'indépendance de Saint-Domingue, à un traité ; il me pardonnera de lui dire que la comparaison n'est pas juste : un souverain traite avec une puissance reconnue, mais ne traite pas avec son sujet. En tout cas, le droit de faire des traités appartient au Roi ; un traité n'est soumis aux chambres que lorsqu'il impose une charge onéreuse à une des deux parties contractantes ; autrement, lorsque le monarque veut bien en faire donner connaissance aux chambres, elles n'ont pas le droit de le discuter.

Il y a dans cette ordonnance, disent quelques personnes, une charge onéreuse pour la république d'Haïti, puisqu'elle lui impose une in-

3.

demnité envers les anciens colons, et que la répartition devrait en être faite par les chambres.
Je pourrais admettre ce raisonnement, si les anciens colons de Saint-Domingue étaient repré-
sentés dans la chambre élective; autrement il
tombe de lui-même. Le gouvernement a appelé
près de lui une commission composée des plus
notables anciens propriétaires de Saint-Domingue, pour délibérer sur les intérêts acquis à chacun, et sur le mode de répartition des cent cin-
quante millions. En appelant les plus notables
parmi les intéressés, le gouvernement a prouvé
sa sagesse et son respect pour les droits acquis.

Le grand argument de mon adversaire est de
demander si le gouvernement pourrait céder
une partie du territoire de la France sans l'assentiment des chambres. Il a rappelé à ce sujet
la conduite de feu M. le duc de Richelieu à l'é-
poque de 1815, et s'est livré à un brillant éloge
de ce ministre. Je partage à cet égard tous les
sentimens du noble vicomte; personne n'a plus
admiré que moi la franchise et la loyauté de
M. de Richelieu. J'invoque dans ce moment
celle de M. de Châteaubriand, et je lui demande
si la comparaison est juste. Qu'est-ce que la

France a cédé aux Haïtiens? est-ce une partie de son territoire? non, car depuis environ vingt-cinq ans Haïti est, de fait, entièrement séparé de la mère-patrie. Qu'avons-nous cédé? des droits éventuels, et que je pourrais même appeler chimériques; tandis qu'en 1815 on cédait réellement une parcelle du territoire français. Le traité cité était de fait onéreux à la France; ainsi M. de Richelieu avait eu raison de le soumettre au corps législatif. Si l'émancipation de Saint-Domingue n'avait eu son effet direct qu'après l'assentiment des chambres, cela en aurait retardé l'exécution d'un an. Pendant ce temps, il aurait été possible qu'une autre puissance rivale de la France eût fait à l'égard de Saint-Domingue ce qu'elle a fait par rapport aux colonies espagnoles; aurions-nous pu alors imposer à la république d'Haïti des conditions aussi avantageuses que celles auxquelles elle s'est soumise tant envers les anciens colons, que relativement à notre commerce? J'espère que le célèbre écrivain dont j'ai invoqué la loyauté reconnaîtra avec moi que le temps hâtait cette émancipation, et je crois que s'il eût encore été ministre des affaires étrangères, il aurait été

le premier à conseiller au monarque non-seulement d'accorder l'indépendance à la république d'Haïti, mais encore d'adopter le mode
d'exécution dont le gouvernement a fait usage,
et qui ne mérite que l'approbation des vrais
amis du trône, puisque la dignité du monarque
et celle de la France n'ont point été compro-
mises. Cet acte a été reçu par les habitans de
Saint-Domingue avec enthousiasme et reconnaissance. Il doit inspirer le même sentiment
à ceux de la mère-patrie.

Le président Boyer, après avoir eu l'assentiment du sénat, s'est empressé d'envoyer des députés en France pour assurer les moyens d'exécution des engagemens que leur république avait
pris. Les colons attendent avec confiance les effets de l'émancipation ; ils recevront une partie
de ce que la force leur avait enlevé. Notre commerce est déjà protégé par l'arrivée de nos con-
suls dans la république d'Haïti. Cessez donc de
répandre de la défaveur sur cet acte de haute
politique si bien combiné, et exécuté avec une
sagacité si remarquable.

J'ai déjà montré la presse périodique abu-
sant de la liberté qui lui est concédée par nos

lois constitutionnelles, en dénigrant les actes qui émanent de la première autorité, de la puissance législative. Je viens de prouver qu'elle a cherché à entraver l'exécution de l'émancipation de Saint-Domingue, en établissant que l'acte qui avait reconnu l'indépendance de ce pays devait être soumis à la sanction des chambres avant d'avoir force de loi. J'ai démontré que ses diatribes contre le 3 pour cent avaient été de nature à répandre de la défaveur sur notre crédit public et particulier. Je vais maintenant établir qu'elle transgresse toutes les convenances sociales envers les ministres de la religion, et contre les dépositaires de l'autorité royale. Elle a cherché à donner une apparence odieuse à toutes les actions des ministres de la religion catholique ; quelques actes isolés, la plupart défigurés, lui ont servi de prétexte pour calomnier les intentions du sacerdoce, en le montrant continuellement enclin à ne reconnaître d'autre autorité que celle du chef de l'Église, et à méconnaître l'autorité qui émane du trône et des lois. Si quelques actes d'intolérance ont pu échapper à des membres du clergé, l'opposition libérale s'en est emparée pour les mon-

trer sous le jour le plus défavorable , tandis qu'à
côté de ce blâme continuel elle se livrait à des
éloges exaltés en citant la conduite des pasteurs
des autres cultes. Le protestantisme a été mis
souvent en parallèle avec la religion de l'état ,
et la balance n'a pas penché en faveur de cette
dernière. Pour arrêter un semblable excès de
la liberté de la presse périodique, le pouvoir eut
recours aux seuls moyens répressifs que la loi
lui donnait. Un acte d'accusation en tendance
fut lancé par M. le procureur-général de la cour
royale de Paris contre deux journaux, organes
de l'opinion libérale. On sait quelle a été l'is-
sue de ces deux affaires. L'autorité administrative avait cru devoir appeler au secours des ministres de la religion le pouvoir judiciaire. Celui-ci a enjoint seulement plus de circonspec-
tion à l'avenir aux deux journaux incrimi-
nés. Il a pourtant déclaré que l'un d'eux, le
Courrier, était coupable. J'ai dit que je respec-
tais la chose jugée ; je m'abstiendrai de toute
réflexion sur ces deux jugemens.

Les défenseurs de ces deux feuilles ont mis
en cause une corps enseignant, autrefois célèbre , proscrit de la France par nos anciennes

lois, et que l'on prétend encore existant dans le royaume : on voit que je veux parler des jésuites. On assure qu'ils sont partout, même à la tête des administrations; on va plus loin, et l'on dit qu'il faut être jésuite pour obtenir le moindre emploi; on cite particulièrement deux maisons enseignantes dirigées par eux, celle de Saint-Acheul près d'Amiens, et celle de Montrouge près Paris. On accuse le gouvernement d'accorder une protection spéciale à ces deux établissemens. Des écrivains se sont élevés avec force contre les jésuites; on a rappelé tous les crimes qui leur étaient imputés; on les a montrés prêts à porter de nouveau le glaive dans le cœur de nos rois; on a fait de cette congrégation un tableau effrayant pour tout ami du trône, et je ne serais pas le dernier à m'élever contre elle, si elle existait en France telle qu'on nous l'a représentée. Mais je dirai franchement que je ne crois pas à toute cette fantasmagorie, et que je crois, tout en distinguant quelques écrivains qui nous en ont tracé le tableau, que la plupart d'entre eux n'ont agi que par leur peu d'amour pour la religion, et même pour le trône qu'ils ont prétendu défendre.

On a signalé les missionnaires comme sortis de l'école des jésuites. Je les ai suivis pendant qu'ils ont prêché dans la capitale, et je puis assurer qu'il n'est pas sorti de léur bouche une seule phrase qui puisse être désapprouvée par l'homme ami de la religion, mais en même temps ennemi le plus prononcé des principes ultramontains. Si telle est l'orthodoxie des jésuites actuels, le gouvernement leur doit la protection que l'on prétend qu'il leur accorde; les amis des principes de l'église gallicane n'ont rien à redouter de ceux que les soi-disant jésuites proclament (1).

J'ai interpellé ceux qui voient les jésuites partout, de me les montrer, et de m'en faire voir un seul : on m'a cité quelques hommes dans les administrations, comme étant de la congrégation; je n'ai pu voir en eux que des magistrats qui ont de la religion, mais qui sont les amis

---

(1) Les feuilles inculpées de tendance se sont élevées dans le temps avec force contre les missionnaires, mais elles n'ont pu citer un seul passage de leurs discours qui fût en contradiction avec nos lois constitutionnelles.

prononcés du trône et des lois existantes, et
qui ont rendu des services éminens à la cause
qu'ils soutiennent en attaquant les amis de la
révolution jusque dans leurs repaires les plus
secrets. Si telles sont les actions des jésuites actuels, honneur à cette prétendue congrégation!
Mais, il faut le dire, tout homme qui suit sa religion, qui en respecte les dogmes sans vouloir
les tourner en dérision, ou même les approfondir, est traité par certaines gens de jésuite. Si
c'est à ce caractère qu'on les reconnaît, je ne
suis pas étonné qu'on voie partout des jésuites,
et je désire que l'immense majorité des Français le devienne; parce que je ne connais pas
de secte plus dangereuse que celle de ces pré-
tendus philosophes qui affectent avec ostentation l'irréligion, et dont les principes sont de
n'en avoir aucun.

J'ai connu dans le monde plusieurs jeunes
gens sortis de l'école de Saint-Acheul; ils sont
dans les administrations, même dans le militaire;
je leur ai parlé des principes professés dans ce
collège : ils m'ont paru francs dans leurs réponses, et ils se sont accordés à me dire qu'ils étaient
les mêmes que ceux qu'on enseigne dans les

autres collèges du royaume ; qu'il était vrai que les exercices de la religion y étaient suivis avec une grande ponctualité, et qu'un jeune homme qui montrerait des principes irréligieux serait rendu à ses parens. Est-ce un mal? oui, d'après la manière de juger de ceux qui ont vu dans la destruction de la religion le triomphe de la philosophie, dont le résultat a enfanté tant de crimes. On m'a assuré que tous les gens riches d'Amiens, de quelque opinion qu'ils soient, mettent leurs enfans au collège de Saint-Acheul.

J'avouerai que deux écrivains qui ont acquis une grande célébrité, MM. Demaistre et La Mennais, se sont élevés à des considérations très-hasardées, en faveur des principes ultramontains. Je ne suis pas assez fort théologien pour les combattre, mais je puis dire, avec ma franchise ordinaire, que je les trouve peu en harmonie avec nos lois constitutionnelles, qui garantissent le libre exercice des cultes. D'après ce dernier aveu, l'on ne m'accusera pas de partialité : partout où je crois voir le mal je le signale (1).

____

(1) On a remarqué dans une circulaire adressée aux

J'ai dit que tous les actes des ministres avaient été torturés de manière à mériter à chacun d'eux un acte d'accusation. J'ai dit qu'à cet égard la presse périodique avait passé les bornes de la licence, et avait été si indécente, que souvent elle avait révolté contre elle les hommes honnêtes les moins amis de leurs excellences. Je suis forcé de reconnaître que la partie de l'opposition qui se dit royaliste a outrepassé en cela celle qui soutient les principes libéraux. J'en citerai particulièrement un exemple qui, selon moi, est déshonorant pour la feuille qui a inséré l'article que j'incrimine.

Je pourrais parler d'abord de ces injonctions faites tous les matins au trône, à peu près depuis l'époque du sacre, qui, quoique faites en manière de supplique, ne lui enjoignent pas moins

<hr>

évêques de France, par M. le ministre des affaires ecclésiastiques, une phrase dans laquelle ce prélat invoque les principes de l'illustre Bossuet, comme devant servir de règle au clergé de France; ainsi cessent toutes les accusations portées contre le gouvernement de favoriser une congrégation qui pourrait professer des doctrines contraires.

de changer son ministère, ou la majeure partie du ministère. Je pourrais encore citer ces articles dans lesquels la vie privée de chaque ministre a été censurée ; mais j'arrive au fait principal dont j'ai été révolté.

Le ministre actuel de la guerre a eu, pendant quelques années, le porte-feuille de la marine ; il avait cru devoir juger par lui-même des améliorations qu'il pourrait apporter dans son administration, et avait demandé au feu roi la permission d'aller visiter les ports de France ; le monarque avait reconnu l'utilité de ce voyage, et y avait consenti. A cette époque, le journal des Débats avait exalté la conduite du ministre qui allait se convaincre par lui-même des besoins de la marine. Le télégraphe ne transmettait pas assez promptement les détails du voyage de son excellence, d'après l'impatience des rédacteurs de cette feuille : à ce moment elle était appelée journal du Trésor.

Des changemens survenus dans l'administration, qui n'ont pas été du goût des mêmes rédacteurs, ont fait confier au ministre de la marine le porte-feuille de la guerre. Après la glorieuse campagne d'Espagne, il a cru devoir aller par

lui-même reconnaître ce qu'il était utile de
faire, tant pour le bien de son administration,
que pour les besoins du militaire. Le monarque
actuel a approuvé ce nouveau voyage ; mais les
hommes qui avaient encensé celui du ministre
de la marine, ont cru devoir chercher à jeter du
ridicule sur le voyage du ministre de la guerre.
Les lignes télégraphiques ne devaient plus parler de la présence de son excellence dans tel ou
tel lieu ; les honneurs que l'on rendait au ministre du Roi étaient tournés chaque matin en
dérision. Ce voyage, d'un si grand intérêt pour
l'armée française, a été terminé par un événement déplorable. M. d'Arbelles, préfet de
la Sarthe, magistrat qui avait su gagner le
cœur de ses administrés, a été tué par le che-
val de l'aide-de-camp du général commandant
le département ; ce malheur imprévu avait na-
vré de douleur, et le ministre, et celui qui en
avait été la cause involontaire : il faut lire le
compte que rend le journal des Débats de ce
funeste accident, pour juger jusqu'où la passion et la haine peuvent conduire la plume des
hommes dans lesquels, jusqu'à l'époque du
renvoi d'un ministre, on avait remarqué des

idées généreuses et une toute autre manière
de juger les actes ministériels (1).

Un événement de peu d'importance dans tout
autre moment en a eu une remarquable dans
la circonstance actuelle. M. le général Foy, orateur distingué du côté gauche de la chambre
des députés, est venu à mourir, sans que le public ait eu connaissance de sa maladie, qu'il a
apprise avec sa mort. Le parti libéral a cru dans
cette occurrence devoir montrer ses forces et
son pouvoir; à peu près vingt-mille personnes
se sont réunies pour suivre leur héros à sa dernière demeure. Les amis du défunt ont fait agir
cette masse comme ils ont voulu, et elle ne s'est
livrée à aucun excès; ce qu'on nous a fait remarquer avec ostentation, parce que jusqu'à ce
moment les réunions libérales avaient eu un tout
autre caractère. Les mêmes hommes que je viens
de citer ont payé sur la tombe du défunt leur

---

(1) Si je ne rapporte pas ici l'article que j'attaque,
c'est que je veux que mes lecteurs le lisent en entier ; je
craindrais qu'ils ne m'en crussent point sur parole, car,
lorsque je l'ai lu, je croyais que mes yeux me trompaient.
Il est dans la feuille du 3 octobre 1825.

tribut à sa mémoire : ils ont parlé en orateurs qui partageaient les mêmes principes que ce général, dont ils ont fait un héros dans les combats, et ils ont représenté la liberté en deuil de la perte de son défenseur le plus éloquent. Ils ont vu en lui un des soutiens de la monarchie constitutionnelle ; ensuite ils ont montré la famille de ce bon père, de ce bon époux, non-seulement livrée à la douleur la plus juste, mais encore à une détresse qui approchait de la misère ; ils ont terminé en faisant un appel à la générosité française, pour élever un mausolée sur la tombe du général Foy, et pour soutenir sa famille.

Je crois que ceux qui ont prononcé ces discours se sont laissés égarer par leur douleur et par l'amitié qu'ils avaient pour le défunt, en le présentant comme un héros dans les combats. La carrière militaire du général Foy peut avoir été remplie avec honneur ; mais presque tous les lieutenans-généraux de l'armée sont dans le cas d'en produire une semblable ; ainsi, sous ce rapport, il ne méritait donc pas les éloges qu'on lui a prodigués. Tout le monde se rappelle les prédictions du général Foy sur le passage des Abruzzes et sur le sort qui était réservé à notre

armée pendant la campagne d'Espagne : elles
prouvent d'abord qu'il connaissait peu les po-
sitions qu'avaient prises les généraux autrichiens
pour effectuer le passage des Abruzzes , et encore plus mal l'esprit qui animait l'Espagne lorsque nous y sommes entrés; ainsi, sa perspicacité comme militaire et comme politique a été
en défaut.

Je dis, avec les panégyristes du général Foy,
que la liberté a perdu en lui un de ses plus élo-
quens défenseurs, si l'on entend par liberté les
principes créés par l'esprit révolutionnaire : je
crois qu'ils ont peu réfléchi en nous montrant
en lui un des soutiens de la monarchie constitutionnelle , telle que nous l'avons , reposant sur
le principe de la légitimité; ou bien, lorsque le
général Foy a été entraîné dans cette discussion, ses premières idées sur ce grave sujet se
représentaient souvent à sa mémoire, et lui fai-
saient regretter le bon temps de la souveraineté
du peuple. Ses amis ont oublié, en nous faisant
son panégyrique , de nous parler du discours
qu'il a prononcé sur la révolte armée du général Berton; ce discours nous aurait mieux fait
connaître les vrais principes de ce général, que

tout ce qu'ils nous en ont dit. Quant à ses qua-
lités sociales, je crois qu'elles étaient telles qu'on
nous les a représentées, et que sous ce rapport,
ses amis ont dû lui porter de son vivant le plus
vif intérêt, et, après sa mort, le faire rejaillir sur
sa veuve et sur ses enfans. J'avouerai que l'appel
presque fait à la charité publique m'a paru dé-
placé ; de semblables actes ne doivent avoir lieu
que dans le cas de quelque grande calamité, telle
que l'incendie de Salins ; sans quoi c'est détour-
ner la bienfaisance de sa véritable route, qui
est celle de venir au secours des malheureux.
Je dis plus, dans cette occasion on a vu la détresse présenter un tribut mendié, je ne dirai
pas à l'opulence, mais à cette honorable médio-
crité, objet des vœux d'Horace. J'estime assez
le caractère du général Foy pour croire que, s'il
avait pu revenir de l'autre monde, il aurait été
révolté en voyant, dans un café d'une petite
ville de province, un tronc placé, où chacun
était invité à venir déposer son offrande, et qu'il
eût fait ouvrir ce tronc pour distribuer ce qu'il
contenait aux indigens.

Je vais m'expliquer franchement sur cette
souscription. Je pense que le parti qui se dit dé-

fenseur de la liberté et des principes constitutionnels, qui, quoique n'étant représenté dans la chambre élective que par une vingtaine de membres, ne se prétend pas moins l'organe des vœux de la nation, que ce parti, dis-je, profite de toutes les occasions pour faire voir sa force ; la mort du général Foy lui en a paru une favorable pour se montrer ce qu'il prétend être. Le ban et l'arrière-ban des hommes qui marchent dans la capitale sous ses drapeaux, a été convoqué, non-seulement par les feuilles publiques à sa dévotion, mais encore on a été d'étude en étude, de magasin en magasin, aux écoles de droit et de médecine, chez les banquiers, etc. On a réuni, comme je l'ai dit, vingt mille personnes qui se sont conduites, il faut le répéter, assez décemment, en accompagnant le corps du défunt.

Ce n'était pas assez de faire voir la force numérique du parti, on résolut encore de montrer sa puissance d'une manière plus efficace, en faisant un appel à la bienfaisance : s'il n'avait été fait qu'aux amis riches du défunt et dans le secret, il aurait été digne de son objet ; mais c'est un appel fait à la bienfaisance du pauvre comme à celle du riche , puisqu'on a fait connaître que le don le plus minime serait reçu avec la même gratitude que le don le plus considérable. Voilà ce qui montre l'intention avec laquelle on a agi ; il est impossible de la dissimuler. Je sais que la masse de la souscription est forte ; mais, malgré les longues listes publiées par le Constitutionnel, il est certain que pas un centième de la population n'y a pris part : ainsi cette espèce de jonglerie politique, dont le parti libéral a fait tant de bruit, a tourné contre lui. Le résultat de cette collecte sera utile à la famille du général Foy, mais peu honorable pour elle (1), quoiqu'on veuille la qualifier de

---

(1) J'ai rarement parcouru les listes de la souscription : le hasard vient de m'en faire tomber une sous la main ; j'y vois des offrandes faites, dans une ferme du département de l'Oise, par des valets d'écurie, des valets de charrue, etc..... Je vais faire connaître, sur les souscriptions de cette espèce, l'opinion d'un homme que les partisans les plus prononcés de la souscription ouverte ne récuseront pas.

M. F...., connu par de très-grands malheurs domestiques , qui ont retenti dans toute l'Europe ,- se trouva

reconnaissance nationale : dans notre monarchie, la reconnaissance nationale a des organes plus augustes que ceux du Constitutionnel et du Courrier.

L'opposition royaliste a été un moment comme

---

ruiné par suite de ces mêmes malheurs. Il vint à Paris : des amis puissans par le rôle qu'ils jouent dans le monde financier lui firent des offres de service. Dans le nombre des moyens qu'ils lui présentaient pour récupérer une partie de sa fortune fut celui d'une souscription ouverte en sa faveur, que ces mêmes amis lui promirent d'appuyer de tout leur crédit. Il répugna à la délicatesse de M. F.... d'accepter ce moyen de fortune, il le considéra comme peu honorable.

Quelques jours après il rencontra, sur le boulevard de la Chaussée-d'Antin, une personne qui lui dit : « Je » vous estimais déjà d'après la conduite noble que vous » avez tenue à l'époque de vos malheurs; vous venez » d'acquérir un degré de plus à mon estime par le refus » que je sais que vous avez fait de l'ouverture d'une » souscription en votre faveur; ces souscriptions affaiblissent l'estime qui s'attache aux belles actions, » et l'on semble échanger la considération contre des » écus. »

Cette personne était le général Foy.

étonnée de ce qu'elle venait de voir; elle a voulu s'en faire une arme contre les ministres, en cherchant à démontrer que tout ce qui s'était passé à la mort du général Foy n'avait d'autre but que de prouver combien peu on les aimait; je sais que les libéraux ne les aiment pas, ils ont, je l'ai dit, de bonnes raisons pour cela. Je demande à l'opposition royaliste si ces mêmes raisons n'auraient pas dû lui imposer un autre plan de conduite que celui qu'elle a suivi envers le président du conseil et ses collègues. Qui a fait la guerre d'Espagne? Qui a proposé la septennalité et l'indemnité? Qui avait terrassé l'hydre qui se montre sous une nouvelle forme? Ne sont-ce pas ces mêmes ministres que l'opposition royaliste a abandonnés d'une manière que je ne veux pas qualifier? N'est-ce pas en servant d'auxiliaire au libéralisme qu'on lui a donné cette espèce d'audace dont il vient de faire parade? Vous avez voulu en imputer les torts au ministère, tandis que ce n'est que sur vous seul qu'il faut les rejeter. Je vous demande si, sans votre défection, ce qui s'est passé serait arrivé. Le mot de défection vous paraîtra sévère, mais qui a abandonné le trône, de vous ou des ministres? Vous avez voulu, dites-vous, l'éclairer ; mais êtes-vous assez dans la confidence des affaires de l'état pour servir de fanal au souverain? Vous avez invoqué la sainte-alliance : comment vous a-t-elle répondu? d'une manière digne d'elle : en continuant à marcher avec le gouvernement français. Elle a près de lui des organes clairvoyans qui ont pu juger qui de vous ou du ministère prêtait son appui à l'ennemi commun?

Vos moyens sont si faibles que les deux feuilles qui dirigent votre opposition, la Quotidienne et le journal des Débats, ne sont pas d'accord ensemble sur une cause majeure dans la politique du moment, sur celle des Grecs. Une de ces deux feuilles demande à grands cris l'intervention presque armée de l'Europe entière, en faveur des Grecs ; l'autre ne peut se décider à parler le même langage : elle a vu dans l'insurrection des Grecs ce qu'elle est réellement, le dernier retranchement de la révolution en Europe. Le tendre intérêt que lui portent les feuilles libérales devrait vous en convaincre ; croyez-vous que ce soit guidées par celui de la religion qu'elles se sont déclarées en faveur des Grecs? je vous crois trop de perspicacité pour supposer que vous ayez une semblable opinion. Rappelez-vous l'époque de cette insurrection ; n'est-ce pas la même que celle où éclatèrent les insurrections de Naples et du Piémont, suites de celle d'Espagne? N'est-ce pas à la même époque que des tentatives du même genre se sont multipliées infructueusement en Allemagne, et qu'en France, Berton et consors ont arboré l'étendard de la révolte? Malgré ce que peut avoir de spécieux l'insurrection des Grecs, jugez qui l'a dirigée et le moment où elle a éclaté, et vous verrez qu'elle est l'œuvre de la révolution, qui s'armait à cette époque de toutes parts en Europe contre les gouvernemens légitimes. Vous n'avez d'autre alternative que celle de vous déclarer l'ennemi de la légitimité, ou d'abandonner les Grecs.

-' La sainte-alliance vient de perdre un de ses chefs, celui qui a le plus coopéré à rétablir les Bourbons sur le trône de leurs ancêtres; le plus grand ennemi de la révolution, le prince auquel les *libéraux*, *indépendans*, ou *constitutionnels*, comme ils se qualifient aujourd'hui, avaient voué la haine la plus invétérée, a cessé d'exister. Ils n'ont pu dissimuler leur joie; des espérances criminelles pour l'intérêt de la France se sont fait entendre : *la guerre va éclater dans toute l'Europe,* ont-ils dit ; *Constantin est le partisan de l'insurrection des Grecs, il va armer en leur faveur, il repoussera le Turc dans l'Asie.* Voilà comme cet évènement déplorable a été reçu par les amis de la révolution, que j'appelle ennemis de l'humanité, quoiqu'ils l'invoquent continuellement.

Les vrais royalistes, ceux qui ne se sont pas séparés du trône, ceux qui veulent sa gloire et en même temps le bonheur de la France, ont déploré la perte de l'immortel Alexandre. Leur juste douleur si bien exprimée a fait supposer que la mort de ce prince magnanime inspirait des craintes au gouvernement français, et l'opposition soi-disant royaliste s'en est fait une nouvelle arme contre lui. Elle a demandé au président du conseil s'il s'était préparé à ce qui pourrait arriver, s'il était en état de faire la guerre. Cette interpellation a été faite avec une arrogance telle, qu'elle démontrait à peu près clairement que cette partie de l'opposition désirait la guerre presque autant que son alliée, sans calculer peut-être les maux qui pourraient en rejaillir sur la France. Mais sa passion haineuse contre le ministère ne lui laissait rien entrevoir; elle ne voyait que l'embarras où elle supposait qu'il se trouverait en cas qu'elle éclatât.

Cette opposition n'a dans les premiers momens fait que cette interpellation; mais elle s'est expliquée plus clairement à la suite des évènemens qui se sont passés depuis la mort d'Alexandre jusqu'à ce jour.

Ce prince avait trois frères, les grands-ducs Constantin, Nicolas et Michel. Le trône appartenait de droit à Constantin, résidant à Varsovie comme commandant en chef les forces de la Pologne; il fut sur-le-champ proclamé empereur; tous ses sujets ainsi que l'armée lui prêtèrent serment de fidélité comme à leur souverain légitime. Le grand-duc Nicolas le prêta le premier : il paraissait que Constantin était l'autocrate de toutes les Russies; on n'apprenait pourtant pas que ce prince eût quitté Varsovie. Cette circonstance faisait divaguer la presse périodique, lorsqu'on sut que, sur la renonciation bien formelle de Constantin, c'était Nicolas qui était appelé à gouverner ce vaste empire. Presque au même moment on apprit qu'un soulèvement avait éclaté à Saint-

Pétersbourg. Quoique le même courrier eût apporté la nouvelle qu'il avait été apaisé dans la journée où il avait eu lieu, l'opposition ne s'en livra pas moins à ses divagations ordinaires. A ces mots de soulèvement armé, les libéraux ne purent contenir leur joie, ils se trouvaient dans leur sphère; ils furent pourtant bientôt désappointés par le paragraphe qui annonçait que la révolte avait été réprimée dès sa première explosion. Selon quelques feuilles, cette répression n'était pas définitive; et, comme c'était dans une partie de l'armée que ces troubles avaient d'abord éclaté, on ne mit pas en doute que le même esprit n'animât les autres corps militaires disséminés dans le vaste empire moscovite. Ce fut sur l'armée du Pruth que l'on jeta d'abord les regards, et cela pour de bonnes raisons que tout le monde comprendra sans que je sois obligé de les expliquer. Si les désirs bien marqués de l'opposition libérale sont remplis, nous apprendrons bientôt que cette armée est révoltée, qu'elle s'est réunie aux Grecs, et est en pleine marche sur Constantinople. Mais espérons que les vœux de cette partie de l'opposition ne seront pas remplis!

L'opposition qui s'exprime par la voie du journal des Débats (1), a voulu démontrer à la France que la guerre était à peu près inévitable. Le rédacteur de cet article base son raisonnement sur des présomptions au moins aussi hasardées que celle de ses alliés ; il ne peut penser que le grand-duc Constantin ait renoncé bénévolement à la couronne, et paraît supposer que, si un parti l'a fait descendre du trône, un autre parti l'y fera remonter. De là il infère que pour calmer l'effervescence du soldat russe on sera

---

(1) L'opposition royaliste , comme je l'ai déjà dit, a deux organes principaux, le journal des Débats et la Quotidienne ; le premier se distingue de la seconde par les diatribes indécentes qu'il lance journellement contre le président du conseil : elles sont telles, que l'on entend même les ennemis de ce ministre s'écrier en les lisant : c'est par trop fort, cela passe la mesure. Les rédacteurs de cette feuille font souvent des articles dans lesquels ils montrent des principes plutôt républicains que monarchiques. La Quotidienne est plus réservée ; ses principes sont plus religieux et d'un royalisme plus pur. Elle paraît quelquefois vouloir du pouvoir absolu, ce qui fait que ses doctrines sont souvent attaquées par l'opposition libérale.

forcé de le conduire au combat; on a cru reconnaître dans le style de cet article un écrivain
célèbre dont j'ai déjà parlé. Je lui demanderai
pourquoi il suppose que la renonciation au trône
par Constantin n'a pas été faite de son propre
mouvement, tandis que tout le prouve. Je lui
demanderai quel sentiment a pu le porter à
chercher à répandre l'alarme en France; car il
sait bien que si la guerre éclatait en Europe,
nous ne pourrions pas rester paisibles specta-
teurs de cette lutte. Je ne puis me persuader
que cet ancien ministre se repaîtrait d'avance
de l'idée de voir l'embarras où se trouverait le
président du conseil, si ses prédictions se réa-
lisaient. Il a long-temps montré des idées généreuses; il serait pénible de penser que l'esprit
d'animosité aurait pu conduire sa plume; il est
des hommes qui ne conçoivent pas l'idée de la
vengeance, et je me plaisais à ranger le noble
pair dans cette classe; mais s'il croit que le président du conseil ait eu quelques torts à son
égard, je lui demanderai ce que lui a fait la
France entière pour chercher à lui présenter la
guerre, ce fléau le plus grand de l'humanité,
comme une chose sinon inévitable, au moins

présumable. Aurait-il voulu ébranler de nouveau notre crédit public? je répéterai que l'opposition en Angleterre a une tout autre manière de se conduire, et que si le crédit de ce
pays éprouve quelques secousses, elle cherche
à le raffermir par tous les moyens possibles. Si
en France on singe l'opposition anglaise, il faut
au moins l'imiter dans ce qu'elle a de bon; elle
est homogène; il ne se mêle pas au milieu d'elle
de ces élémens hétérogènes qui en embarras-
sent les rouages plutôt que de lui donner de la
force; elle ne fait pas la guerre aux hommes,
elle attaque les principes. Je comprends le
genre d'opposition du Constitutionnel, du Courrier, du journal du Commerce; mais, je l'avouerai, je ne puis comprendre celui de la Quotidienne, de l'Aristarque et du journal des Débats,
qui prétendent avoir les mêmes principes que
ceux professés par le gouvernement: aussi sont-
ils forcés de faire la guerre aux hommes et non
aux choses. Le journal des Débats a senti la
fausse position où il se trouvait, et il a souvent
avoué les principes émis par l'opposition libérale.

Depuis que l'article que je viens de combattre
a paru, des courriers sont arrivés, et l'opposi-

tion ne peut plus mettre en doute la bonne foi
du grand-duc Constantin. Lui-même a fait prê-
ter à Varsovie serment de fidélité à l'empereur
Nicolas ; ainsi tombent toutes les présomptions
de nos adversaires, et il faut espérer que rien
ne troublera l'état de paix existant en Europe :
et par là disparaissent toutes les alarmes que l'on
a pu concevoir d'après les suggestions d'une
partie de la presse périodique. Dans une circonstance de la nature de celle qui vient d'avoir lieu
en Russie, on devait attendre les évènemens
sans les préjuger, et sans chercher à répandre
l'épouvante dans la nation. Cette conduite aurait été plus sage.

J'ai toujours vu le pouvoir royal sous d'autres
rapports que mes adversaires ; j'ai regardé comme
l'expression des propres sentimens du souverain
les paroles qui sortaient de sa bouche ; j'ai soutenu cette opinion dans une occasion remarquable, et je crois devoir y persister plus que
jamais dans la situation actuelle des choses. Au
commencement de l'année, tous les corps de
l'état qui siègent dans la capitale sont venus
faire leur compliment au Roi, qui a répondu à
chacun de ces complimens sans dissimulation.

On a cru entrevoir dans le laconisme d'une de
ces réponses quelques signes de mécontente-
ment envers le corps auquel elle était adressée;
il ne m'appartient pas d'approfondir ce fait, et
je n'en aurais pas fait mention si l'opposition
n'avait établi que les discours du trône ne lui
appartiennent pas, et qu'ils étaient l'œuvre des
ministres. Je trouve cette manière de voir en
contradiction avec l'idée que je me forme de la
puissance royale; je considère que les actes qui
émanent de l'autorité administrative appartiennent aux ministres, mais je ne puis concevoir
qu'on ne laisse pas au trône le droit d'exprimer
sa façon de penser: ce serait juger bien défavo-
rablement du souverain, que de croire qu'il ne
peut avoir une opinion à lui; ce serait déconsi-
dérer la royauté aux yeux des Français. Le jour
où l'on pourra arriver au point de pervertir ainsi
l'opinion que le peuple a conçu du monarque,
il n'y aura plus de monarchie en France, et notre
forme de gouvernement, de monarchique qu'elle
est, deviendrait oligarchique. Je laisse à mes
lecteurs à juger ce qui résulterait d'un tel état
de choses.

C'est au moment où les chambres vont s'as-

sembler que j'ai cru devoir signaler les dangers
existans dans l'extension de puissance que la
presse périodique a voulu s'arroger. Je l'ai mon-
trée ne respectant pas même l'exécution des
lois de l'état, et l'entravant par des suggestions
perfides; attaquant tous les actes qui émanent
de l'autorité royale; portant son investigation
sur la vie privée des fonctionnaires publics; dénaturant les faits, cherchant à surprendre la religion du prince et la crédulité du peuple; vou-
lant forcer l'action du trône dans le choix de ses
délégués, par des récriminations continuelles
et fastidieuses contre eux; tendant à déconsi-
dérer le sacerdoce, et par contre-coup la religion de l'état, et soutenant les autres cultes,
qui méritent protection, mais non aux dépens
de celle-ci; se jouant de la fortune publique et
de celle des particuliers, en jetant de la défaveur sur elles; répandant des nouvelles fausses
et alarmantes; enfin, se livrant à des excès tels,
que plusieurs états de l'Europe, craignant que
quelques-unes de nos feuilles de l'opposition ne
pervertissent l'opinion publique dans leur pays,
en ont défendu l'entrée sur leur territoire.

J'ai cru, dans ce moment, devoir appeler l'at-

tention du pouvoir législatif sur un tel état de
choses, qui selon moi, ne peut continuer à exister sans un danger réel pour le pouvoir chargé
de l'administration. C'est à la sagesse du Roi et
à celle des deux chambres que je soumets mes
réflexions; si mes alarmes sont jugées imaginai-
res par ceux auxquels je cherche à les faire pa-
tager, ce qui sera possible, je ne croirai pas moins
avoir rempli la tâche que je me suis imposée,
en homme ami de la gloire de son roi et du
bonheur de tous les Français.

J'ai vu les commencemens de la révolution;
ils sont trop présens à ma mémoire pour que
j'aie pu les oublier. On n'avait à cette époque
pour auxiliaires que les ouvrages imprimés clan-
destinement ou en pays étrangers, qui se ven-
daient sous le manteau; on n'en a pas moins
perverti l'opinion publique. Aujourd'hui la presse
périodique fait plus de ravage à elle seule que
tous les ouvrages vendus à cette époque ne pouvaient en faire. Que l'on juge du danger existant.

Je me rappelle encore qu'un des moyens les
plus puissans employés pour amener la fatale
journée du 21 janvier, a été de forcer Louis XVI

à changer continuellement ses ministres, sous le prétexte d'en prendre qui marchent avec l'esprit de la nation ; aujourd'hui on se sert de la même tactique, et l'on ne veut pas qu'on la signale !

FIN 1